AF302959

TEORIA JOCURILOR

INFORMAȚII CHEIE

- **Nume: Teoria** jocurilor, teoria comportamentului strategic, teoria deciziilor interactive.

- **Utilizări:** Justificarea legilor și normelor sociale în vederea menținerii cooperării în cadrul unui grup; luarea deciziilor politice; înțelegerea relațiilor de putere în cadrul negocierilor; instrument de analiză a conflictelor; instrument pentru a genera încredere în cadrul unui grup; aplicații în logică și teoria seturilor; aplicații în economie, biologie, informatică și teoria evoluției.

- **Motive pentru eficacitatea sa:** Teoria jocurilor este un instrument excelent pentru negocieri, deoarece ne încurajează să reflectăm asupra complexității interacțiunilor sociale și arată că:

  - indivizii, companiile și țările sunt interdependente între ele;

  - interacțiunea este benefică pentru rezolvarea problemelor comune;

  - cooperarea nu este ușor de pus în aplicare;

  - în unele cazuri, atunci când fiecare individ acționează în interes propriu, este posibil ca interesul comun să nu fie atins;

TEORIA JOCURILOR

Arta de a gândi strategic

TEORIA JOCURILOR

Arta de a gândi strategic

scris de Jean Blaise Mimbang
tradus de Alina Dobre

50MINUTES.com

- există diverse moduri de a face alegeri strategice într-o situație de cooperare.

- **Cuvinte cheie:**

  - <u>Interacțiune</u>: o acțiune colectivă în care un jucător efectuează o acțiune sau ia o decizie care este influențată de un alt jucător.

  - <u>Strategie</u>: o specificație completă a comportamentului unui jucător în orice situație în care acesta trebuie să joace.

INTRODUCERE

În fiecare zi, toți agenții (animale, persoane fizice și juridice sau agenți economici, inclusiv politicieni, consumatori, angajatori și producători) și comunitățile (echipe sportive, țări, armate etc.) interacționează unii cu alții atunci când iau decizii. Aceste interacțiuni pot varia de la cooperare la conflict.

Domeniul teoriei jocurilor este foarte vast, iar aplicațiile sale pot fi găsite în domenii atât de diverse precum relațiile internaționale, economia, științele politice, filosofia și istoria, printre altele. Această teorie dezvoltă instrumente de analiză a comportamentelor (economice, sociale etc.) sub forma unor jocuri de strategie.

Istorie

Primele analize ale jocurilor de strategie datează încă din Renaștere. Cu toate acestea, abia în secolele al XIX-lea și al XX-lea a fost formalizată cu adevărat o teorie pe această temă. Printre teoreticienii jocurilor din acea epocă se numără în special matematicienii și economiștii Antoine Augustin Cournot, Émile Borel, John von Neumann, Oskar Morgenstern și John Forbes Nash, ale căror contribuții vor fi analizate mai în detaliu în secțiunea următoare.

 ## BINE DE ȘTIUT: RENAȘTEREA

Aceasta a fost o mișcare europeană care s-a extins de la sfârșitul Evului Mediu până la începutul perioadei moderne. S-a caracterizat printr-o schimbare de mentalitate în domeniul literar, artistic și științific și prin circulația cunoștințelor între savanți. Renașterea a început în Italia și s-a răspândit în întreaga Europă începând cu secolul al XVI-lea.

Definirea modelului

Teoria jocurilor studiază consecințele interacțiunii strategice între agenți raționali (jucători) care își urmăresc propriile obiective unice, într-un cadru clar definit. Aceste interacțiuni includ, printre altele, negocierea, concurența, asistența reciprocă și furnizarea unui bun sau serviciu, toate acestea fiind acțiuni posibile care vor conduce la un rezultat. Rezultatul are ca rezultat o răsplată, pozitivă sau negativă, pentru fiecare individ care a luat parte la joc.

Scopul acestei teorii este de a arăta că indivizii, companiile și chiar țările sunt interdependente și că este în interesul lor să găsească un echilibru pentru ca interacțiunile lor să fie benefice pentru toți. Această teorie ne încurajează, de asemenea, să realizăm că, chiar dacă cooperarea nu este ușoară, este mai bine să o înțelegem decât să o combatem.

TEORIE

TEORIA JOCURILOR ȘI FILOZOFII SĂI

Începuturile teoriei jocurilor, la drept vorbind, se regăsesc în lucrările matematicienilor din prima jumătate a secolului al XIX-lea.

Antoine Augustin Cournot

Prima persoană care a studiat aspectele strategice ale interacțiunilor dintre agenții economici a fost Antoine Augustin Cournot (matematician, filosof și economist francez, 1801-1877). Cartea sa din 1838 *"Researches into the Mathematical Principles of the Theory of Wealth"* (*Cercetări privind principiile matematice ale teoriei bogăției*) conține începuturile teoriei jocurilor, care a fost dezvoltată ulterior în anii 1950. El analizează diferitele forme de concurență în duopoluri (o piață cu doi vânzători concurenți) și în contextul specific al echilibrului Nash (între producători), pentru care oferă primele formulări.

 **ESTE BINE DE ȘTIUT:** *CERCETĂRI ASUPRA PRINCIPIILOR MATEMATICE ALE TEORIEI BOGĂȚIEI*, **1838**

Deși a fost complet ignorată când a fost publicată pentru prima dată, această carte a ieșit din obscuritate datorită lucrărilor lui John Forbes Nash (economist și matematician american, 1928-2015) privind teoria jocurilor repetate în 1950. Astăzi, concurența Cournot este un model bazat pe analiza concurenței imperfecte în economia industrială.

Francis Ysidro Edgeworth

În timp ce Cournot a analizat interacțiunile strategice dintre două companii productive, economistul și avocatul anglo-irlandez Francis Ysidro Edgeworth (1845-1926) a extins acest raționament și a aplicat modelul la cazuri de economii fără producție. În *Mathematical Physics: An Essay on the Application of Mathematics to the Moral Sciences* (1881), acesta a dezvoltat un instrument pentru a reprezenta interacțiunile dintre doi agenți economici neproductivi: caseta Edgeworth. Această carte a marcat introducerea matematicii în economie.

 ## BINE DE ȘTIUT: CUTIA EDGEWORTH

Această casetă permite utilizatorilor să analizeze posibilitățile de alocare a resurselor între două entități și să vadă dacă această alocare este ideală conform optimității Pareto, adică dacă este posibil să se îmbunătățească situația unui agent fără a o afecta pe cea a celuilalt.

Ernst Friedrich Ferdinand Zermelo

Literatura modernă privind teoria jocurilor recunoaște pe deplin faptul că prima teoremă formală a teoriei jocurilor a fost elaborată de Ernst Friedrich Ferdinand

Zermelo (matematician german, 1871-1953) în 1913. Această teoremă a fost preluată de mulţi autori şi interpretată în mai multe moduri diferite. Versiunea lui Mas Colell et al. din 1995 afirmă, în esenţă, că în orice joc cu informaţii perfecte (fiecare jucător cunoaşte toate strategiile şi funcţiile de plată ale tuturor celorlalţi jucători) fix (în care numărul de runde este cunoscut dinainte), există un echilibru care va fi cunoscut ulterior sub numele de echilibru Nash.

Echilibrul Nash este alcătuit din strategii pure – secvenţe de acţiuni pe care se ştie că un jucător le va alege de fiecare dată când este posibil să joace – şi se obţine prin inducţie inversă. Aceasta presupune determinarea strategiilor optime ale jucătorilor în ultima rundă a jocului. Cu alte cuvinte, raţionăm pornind de la ultima rundă a jocului până la prima, determinând cele mai bune strategii ale jucătorilor în fiecare etapă a jocului. Acest concept va fi ilustrat ulterior.

Émile Borel

În timp ce toate contribuţiile anterioare permiteau rezolvarea jocurilor simple (adică a celor cu strategii pure), contribuţia matematicianului francez Émile Borel (1871-1956) marchează un punct de cotitură pentru teoria jocurilor începând cu anul 1921. În volumul IV al cărţii sale *Tratat de calcul al probabilităţilor şi aplicaţiile sale* (1924-1934), autorul introduce probabilităţile în jocurile de noroc şi recomandă teorema minimax pentru jocurile cu sumă nulă, în care câştigurile pentru un jucător înseamnă pierderi pentru altul. În aceeaşi carte, autorul face distincţia între două categorii diferite de jocuri de noroc:

- Primul include jocuri în care personalitatea şi nivelul de îndemânare al jucătorului nu joacă niciun rol.

- Al doilea corespunde jocurilor în care atât norocul, cât şi abilităţile jucătorului au o influenţă. Această categorie are similitudini cu fenomenele economice.

 **BINE DE ŞTIUT: TEOREMA MINIMAX SAU TEOREMA FUNDAMENTALĂ A TEORIEI JOCURILOR CU DOI JUCĂTORI**

Această teoremă a fost schiţată de Émile Borel în 1921, dar prima demonstraţie completă a fost realizată abia câţiva ani mai târziu (1928) de către matematicianul american John von Neumann. Borel a afirmat că într-un joc necooperativ (un joc în care toate opţiunile strategice disponibile pentru jucători sunt specificate) între doi jucători, cu informaţii perfecte, cu un număr stabilit de strategii pure şi cu sumă zero (câştigul unei persoane reprezintă pierderea celeilalte), există cel puţin un echilibru în care niciun jucător nu este stimulat să se abată de la strategia sa mixtă (distribuţia de probabilitate a strategiilor pure ale unui jucător).

Această teoremă este foarte importantă în teoria jocurilor, deoarece oferă o metodă raţională de a lua decizii simultane într-un mediu concurenţial (un joc cu sumă zero).

John von Neumann și Oskar Morgenstern

Teoria jocurilor a apărut cu adevărat ca disciplină cu drepturi depline în 1944, sub impulsul matematicianului american John von Neumann (1903-1957) și al economistului german Oskar Morgenstern (1902-1977). Împreună, aceștia au scris cartea *Theory of Games and Economic Behavior* (*Teoria jocurilor și a comportamentului economic*), care a contribuit la dezvoltarea impresionantă a acestei discipline, în special în ceea ce privește comportamentul uman. În această carte, autorii au oferit o soluție de echilibru pentru cazul particular al unui joc cu sumă nulă. De exemplu, șahul este un joc la care participă doi jucători și care are trăsătura distinctivă că câștigurile pentru un jucător corespund pierderilor pentru celălalt.

John Forbes Nash și succesorii săi

Lucrările economistului și matematicianului american John Forbes Nash au consolidat bazele teoriei jocurilor în 1950. El a prezentat o soluție de echilibru pentru jocurile cu sumă diferită de zero. Pentru a realiza acest lucru, el și-a bazat ideile pe lucrarea lui Cournot din 1838 și a dezvoltat o teorie a echilibrului necooperativ pentru jocurile cu sumă variabilă. Această teorie a generalizat soluția prezentată în 1944 de von Neumann și Morgenstern.

În 1965, economistul german Reinhard Selten (1930-2016) și-a adus contribuția în acest domeniu prin introducerea conceptului de echilibru perfect subgame.

În mod similar, economistul american de origine maghiară John Charles Harsanyi (1920-2000) a adus o contribuție semnificativă la teoria jocurilor prin analiza detaliată a jocurilor cu informații incomplete, cunoscute sub numele de jocuri bayesiene. El a popularizat, de asemenea, conceptul foarte teoretic de echilibru Nash printr-un lung articol publicat în 1967.

În cele din urmă, matematicianul canadian Donald Bruce Gillies (1928-1975) a sistematizat echilibrul general, pornind de la caseta Edgeworth.

ESTE BINE DE ȘTIUT: ECHILIBRU NASH

Echilibrul Nash este o situație de echilibru în care nici un jucător nu are niciun interes să își schimbe propria strategie, ținând cont de strategia celuilalt jucător.

Începând cu anii '70 și '80, teoria jocurilor a cunoscut o dezvoltare semnificativă în domeniul matematicii. În prezent, aceasta este o ramură atât a economiei, cât și a matematicii, deși, așa cum s-a menționat mai sus, poate fi aplicată și la o serie de probleme sociale, medicale, politice și economice.

Ca dovadă a importanței acestei discipline, mai mulți teoreticieni ai jocurilor au primit în ultimii ani Premiul Nobel pentru Științe Economice:

- John Charles Harsanyi, John Forbes Nash și Reinhard Selten în 1994;

- Economistul american Thomas Schelling (1921-2016) și economistul israelian Robert Aumann (născut în 1930) în 2005;

- Economiștii americani Lloyd Shapley (1923-2016) și Alvin E. Roth (născut în 1951) în 2012.

PREZENTAREA TEORIEI JOCURILOR

Ipotezele care susțin teoria jocurilor sunt următoarele:

- raționalitatea agenților (jucătorilor), care îi determină să obțină cea mai bună soluție posibilă pentru ei înșiși, este măsurată prin ceea ce se numește utilitate;

- fiecare jucător cunoaște toate strategiile și funcțiile de plată ale tuturor celorlalți jucători (informație completă);

- toți participanții iau cele mai bune decizii pentru ei înșiși, cu scopul de a-și maximiza utilitatea (în cazul persoanelor fizice) sau profitul (în cazul întreprinderilor), știind că și ceilalți procedează la fel;

- alegerile făcute în trecut sunt cunoscute de toți participanții.

Formalități de joc

Un joc de strategie este caracterizat de un set de reguli de joc care specifică:

- Jucătorii.

- Strategiile (acțiuni sau decizii).

- Secvența de decizii (evoluția jocului).

- Câștigurile sau utilitatea jucătorilor (în funcție de strategiile lor). Utilitatea nu este o măsură a câștigului material, monetar sau de altă natură, ci o măsură subiectivă a satisfacției jucătorilor.

- Informațiile disponibile pentru jucători. Aceste informații pot fi complete (perfecte) sau incomplete (imperfecte).

Tipuri de jocuri

Există mai multe tipuri de jocuri:

- jocuri cu sumă nulă sau jocuri cu sumă non-zero strict competitive;

- jocuri cu decizii simultane sau secvențiale;

- jocuri cooperative sau necooperative;

- jocuri cu doi jucători sau jocuri cu mai mult de doi jucători;

- jocuri cu informații perfecte sau jocuri cu informații imperfecte;

- jocuri statice (o rundă), jocuri fixe (mai multe runde) sau jocuri infinite.

Tipuri de strategii

- <u>Strategie pură</u>: o secvență de acțiuni pe care se știe că un jucător o va alege de fiecare dată când joacă.

- <u>Strategie mixtă</u>: distribuţia de probabilitate a strategiilor pure ale unui jucător.

- <u>Strategie</u> slab dominantă: strategia X este slab dominantă pentru jucătorul Y dacă există o altă strategie, X', care oferă un câştig mai mic sau egal pentru jucătorul Y.

- Strategie slab dominată: strategia X este slab dominată pentru jucătorul Y dacă există o altă strategie, X', care oferă un câştig mai mare sau egal pentru jucătorul Y.

- Strategie strict dominantă: strategia X este strict dominantă pentru jucătorul Y dacă nu există o altă strategie, X', care să ofere un câştig strict mai mare pentru jucătorul Y.

- Strategie strict dominată: strategia X este strict dominată pentru jucătorul Y dacă există o altă strategie, X', care oferă un câştig strict mai mare pentru jucătorul Y.

EXEMPLE DE JOCURI

Luaţi în considerare următorul joc: doi jucători (jucătorul 1 şi jucătorul 2) decid să joace unul împotriva celuilalt.

- Strategiile jucătorului 1: X şi Y.

- Strategiile jucătorului 2: U şi V.

- Ordinea deciziilor: jucătorul 1, apoi jucătorul 2.

- Recompense: Matricea de câștiguri este reprezentată de *a* și *b*, unde *a* reprezintă câștigurile jucătorului 1 și *b reprezintă câștigurile* jucătorului 2.

    - Dacă jucătorul 1 alege X și jucătorul 2 alege U:

        ‣ Câștigul jucătorului 1: 4

        ‣ Câștigul jucătorului 2: 2

    - Dacă jucătorul 1 alege X și jucătorul 2 alege V:

        ‣ Câștigul jucătorului 1: 3

        ‣ Câștigul jucătorului 2: 1

    - Dacă jucătorul 1 alege Y și jucătorul 2 alege U:

        ‣ Câștigul jucătorului 1: 2

        ‣ Jucătorul 2 plătește: 5

    - Dacă jucătorul 1 alege Y și jucătorul 2 alege V:

        ‣ Câștigul jucătorului 1: 9

        ‣ Câștigul jucătorului 2: 0

Dacă acceptăm ipoteza că ambii jucători au informații complete, există două moduri posibile de a reprezenta acest joc:

- Formă extensivă, mai potrivită pentru jocurile de decizie secvențială

- Forma strategică, mai potrivită pentru jocurile statice cu decizii simultane

Fiecare formă extinsă corespunde unui joc de strategie în care jucătorii își aleg simultan strategiile. Pe de altă parte, un joc de strategie poate corespunde mai multor forme extensive diferite.

Eliminarea succesivă a strategiilor dominate

Pentru a defini strategiile care vor fi jucate atât de jucătorul 1, cât și de jucătorul 2, trebuie să identificăm strategiile dominante ale fiecărui jucător.

Jucătorul 2

- în cazul în care jucătorul 1 alege X, cea mai bună alegere pentru jucătorul 2 este U, deoarece cu această alegere, câștigul lor va fi de 2 (comparativ cu 1 dacă aleg V);

- în cazul în care jucătorul 1 alege Y, cea mai bună alegere pentru jucătorul 2 este U, deoarece cu această alegere, câștigul lor va fi de 5 (comparativ cu 0 dacă aleg V).

Pentru jucătorul 2, strategia U domină strict strategia V, deoarece îi oferă jucătorului 2 un câștig mai bun în ambele situații.

Eliminând strategia V a jucătorului 2 (strict dominată, deoarece pierde orice s-ar întâmpla), jocul poate fi prezentat după cum urmează:

Jucător 1

Având în vedere că jucătorul 2 alege strategia strict dominantă U, cea mai bună alegere pentru jucătorul 1 este X, deoarece cu această alegere, câștigul său va fi de 4 (față de 2 dacă alege Y).

Pentru jucătorul 1, strategia X este dominantă, deoarece oferă un câştig mai bun.

Prin eliminarea strategiei dominate a jucătorului 1 (cea în care pierde cel mai mult), jocul poate fi prezentat după cum urmează:

Situaţia X, U corespunde echilibrului Nash.

Echilibrul Nash

Echilibrul Nash este o situaţie în care niciun jucător nu doreşte să îşi schimbe strategia, având în vedere strategiile alese de ceilalţi jucători. Deoarece acţionează în mod strategic, fiecare jucător va juca cel mai bun răspuns în funcţie de strategiile celorlalţi jucători.

Echilibrul Nash este determinat prin eliminarea iterativă (succesivă) a strategiilor dominate, deoarece aceste strategii nu sunt niciodată jucate de jucători (datorită raţlonalităţii lor).

În exemplul nostru, echilibrul Nash corespunde strategiilor:

- X pentru jucătorul 1

- U pentru jucătorul 2.

Plăţile asociate sunt după cum urmează:

- jucător 1 payoff: 4

- jucător 2 câştig: 2.

Optimalitatea Pareto

Un joc de strategii pure poate avea mai multe echilibre Nash sau niciunul. În acest caz, problema este de a ști cum să alegem un anumit echilibru.

Optimalitatea lui Pareto arată că profilul de strategie A domină profilul de strategie B dacă A este strict mai bun pentru toți jucătorii.

Strategii mixte

Strategiile definite și utilizate până în prezent sunt strategii pure (opțiuni disponibile pentru jucători).

După cum s-a explicat mai sus, o strategie mixtă este distribuția de probabilitate între toate strategiile pure. Jucătorii aleg la întâmplare să își joace strategiile cu o anumită probabilitate.

Pentru a ilustra acest lucru, putem lua jocul din exemplul anterior şi să presupunem că, de data aceasta, jucătorul 1 joacă la întâmplare X şi Y cu o probabilitate de ½ (0,5), iar jucătorul 2 face acelaşi lucru.

- Forma strategică a jocurilor cu strategie mixtă: o dată la două (0,5 sau ½), jucătorul 1 alege strategia X şi o dată la două (0,5 sau ½) alege strategia Y. Jucătorul 2 procedează la fel.

- Plăţile aşteptate:

  - în cazul în care jucătorul 2 alege U, câştigurile aşteptate ale jucătorului 1 sunt (0,5 x 4) + (0,5 x 2) = 3;

  - în cazul în care jucătorul 2 alege V, câştigurile aşteptate ale jucătorului 1 sunt (0,5 x 3) + (0,5 x 9) = 6;

  - în cazul în care jucătorul 1 alege X, câştigul aşteptat al jucătorului 2 este (0,5 x 2) + (0,5 x 1) = 1,5;

  - dacă jucătorul 1 alege Y, câştigul aşteptat al jucătorului 2 este (0,5 x 5) + (0,5 x 0) = 2,5.

- Echilibrul Nash în strategiile mixte: Fiecare jucător alege strategia care îi permite să îşi maximizeze câştigurile. În echilibrul Nash din exemplul nostru, jucătorul 1 alege Y cu o probabilitate de ½ (0,5), iar jucătorul 2 alege strategia V cu o probabilitate de ½ (0,5). Câştigurile aşteptate pentru cei doi jucători sunt 6 pentru jucătorul 1 şi 2,5 pentru jucătorul 2. Teorema lui Nash poate fi văzută aici, deoarece orice joc de strategie are un echilibru Nash pentru strategii mixte.

DILEMA PRIZONIERULUI

Mai multe concepte din teoria jocurilor pot fi studiate prin intermediul unui exemplu, dilema prizonierului. Prima versiune a dilemei prizonierului a fost prezentată de cercetătorii de la RAND Corporation (departamentul de cercetare și dezvoltare al Forțelor Aeriene ale SUA, creat în 1945) în 1950. Aceasta ajută la explicarea cursei înarmărilor, dar și a procesului de dezarmare nucleară.

Povestea din spatele dilemei prizonierului

Doi hoți sunt arestați de poliție și interogați separat. Polițiștii sunt convinși că sunt vinovați, dar nu au încă suficiente dovezi pentru a pronunța o sentință lungă de închisoare. Între ei, înainte de arestare, hoții au jurat să nu se trădeze unul pe celălalt. Poliția, care vrea mai mult decât orice să-i facă pe cei doi să mărturisească, promite libertatea celui care vorbește, dacă este singurul care o face. De aici apare o dilemă: pe de o parte, prizonierii știu că vor suferi doar o pedeapsă mică dacă nu mărturisesc poliției. Pe de altă parte, ambii sunt tentați individual să mărturisească crima pentru a obține libertatea.

Forma strategică a dilemei prizonierului

În acest caz, cei doi jucători (hoții) au de ales între două strategii: să nege sau să mărturisească. Fiecare căsuță conține plățile pentru cei doi jucători. Prima cifră corespunde rezultatului jucătorului 1, iar cea de-a doua cifră este rezultatul jucătorului 2. Prin convenție, aici numărul de ani de închisoare este scris ca fiind negativ, deoarece reprezintă o pierdere de utilitate. Obiectivul fiecărui jucător este de a minimiza numărul de ani de închisoare.

Strategiile dominante ale celor doi jucători

- Dacă jucătorul 2 alege să nege, este în interesul jucătorului 1 să mărturisească pentru a evita un an de închisoare și a fi astfel liber.

- Dacă jucătorul 2 alege să mărturisească, este în interesul jucătorului 1 să mărturisească și să petreacă doar 4 ani în închisoare în loc de 5 ani dacă neagă.

- Dacă jucătorul 1 alege să nege, este în interesul jucătorului 2 să mărturisească pentru a evita un an de închisoare și a fi astfel liber.

- Dacă jucătorul 1 alege să mărturisească, este în interesul jucătorului 2 să mărturisească și să petreacă doar 4 ani în închisoare în loc de 5 ani dacă neagă.

În acest caz, "mărturisirea" este o strategie dominantă pentru ambii jucători. De fapt, indiferent ce alege un jucător, celălalt va obține întotdeauna un rezultat mai bun dacă își denunță complicele. Acesta este ceea ce se numește echilibrul Nash.

Echilibrul Nash al dilemei prizonierului

Soluția logică a jocului (echilibrul Nash) ar fi ca fiecare jucător să îl denunțe pe celălalt: fiecare dintre ei ar fi condamnat la patru ani de închisoare. În schimb, dacă ar coopera (tăcând amândoi), ambii ar petrece doar un an în închisoare. Dilema prizonierului ilustrează conflictul dintre bunăstarea colectivă rezultată din cooperare și stimulentele individuale de a nu face acest lucru. În situația în care unul dintre cei doi jucători nu este sigur de intențiile celuilalt, este în interesul lor, în numele raționalității individuale, să aleagă să mărturisească, chiar dacă interesul colectiv le recomandă să nege. De aici importanța existenței unor legi, norme și reguli sociale care să impună o anumită cooperare, dar care, în practică, nu sunt ușor de găsit.

LIMITE ȘI EXTINDERI ALE MODELULUI

LIMITELE ȘI CRITICILE MODELULUI

Limitele și criticile teoriei jocurilor sunt numeroase și se referă la conceptul însuși de joc, la conceptul de echilibru și la aplicațiile posibile ale acestei teorii.

Conceptul de joc

Teoreticienii jocurilor folosesc cuvântul "joc" pentru a se referi la orice model complet care cuprinde o listă de indivizi (jucători), o colecție de strategii și beneficii. Termenul de "joc" nu se referă la o activitate simbolică desfășurată din plăcere, ci la o serie de constrângeri legate de o problemă.

Conceptul de echilibru Nash

În viața de zi cu zi, echilibrele sunt în general percepute ca fiind "stări de repaus" la care ajung sistemele care au fost anterior în mișcare. Cu toate acestea, teoria jocurilor folosește cuvântul "echilibru" pentru a descrie conceptul său principal, și anume echilibrul Nash. Acest echilibru este atins deoarece fiecare jucător anticipează corect ceea ce este posibil să facă ceilalți. Deoarece alegerile sunt făcute simultan, ideea unui proces care duce la echilibru prin modificări succesive ale anticipațiilor nu are sens în acest caz. Prin urmare, este prea dificil să ne gândim la "echilibru" fără să ne gândim la o formă sau alta de dinamism.

Putem ilustra acest lucru cu ajutorul modelului de duopol al lui Cournot, care este un precursor al echilibrului Nash. În acest celebru model de concurență imperfectă (o structură de piață caracterizată de producători care pot fixa prețuri diferite de cele de pe piață), fiecare întreprindere face o ofertă anticipând oferta celeilalte. Fără să știe nimic despre concurență, întreprinderea presupune că, odată ce și-a făcut alegerea, cealaltă întreprindere nu se va răzgândi. Echilibrul lui Cournot este de așa natură încât fiecare întreprindere își face oferta prevăzând exact ceea ce va face cealaltă. În consecință, nu numai că nu se stabilește dinamica care conduce la echilibru, dar nu se va ajunge niciodată la o soluție de echilibru, cu excepția cazurilor particulare în care întreprinderea dă întâmplător peste oferta celeilalte.

În mod similar, critica poate fi extinsă și la un alt model de echilibru necooperativ, cel al duopolului lui Joseph Louis François Bertrand (matematician și economist francez, 1822-1900), în care companiile propun strategii bazate pe preț. În special, este clar că echilibrul Nash nu se stabilește niciodată, deoarece cele două companii stabilesc același preț egal cu costul mediu (care se presupune a fi constant). Deoarece profitul lor este zero la acest preț, este în interesul ambelor companii să ofere un preț peste cost și, prin urmare, să aibă 50% șanse de a obține un profit strict pozitiv (și nu zero). Ca urmare, niciunul dintre ei nu alege soluția de echilibru Nash.

Un alt aspect care cauzează o problemă cu echilibrul Nash este faptul că un jucător nu-şi poate schimba strategia odată ce jocul a început. Acest aspect reprezintă, de asemenea, o limită a teoriei.

Aplicaţii ale teoriei jocurilor

Revenind la definiţia teoriei jocurilor prezentată mai sus, este foarte dificil de aplicat această teorie la situaţii din viaţa reală. Într-adevăr, este practic imposibil de găsit exemple de situaţii care pot fi legate de dilema prizonierului. De fapt, alegerile individuale sunt în mare măsură influenţate de sistemul de valori rezultat din educaţie şi cultură. Deoarece acestea nu pot fi observate în viaţa de zi cu zi, condiţiile de joc sunt create în laborator. Teoria jocurilor este, prin urmare, dificil de aplicat la realitate, chiar şi într-un context care pare iniţial favorabil acesteia (interacţiunea).

În sfârşit, mulţi oameni, printre care şi economistul francez Bernard Guerrien, consideră că, în general, teoria jocurilor nu rezolvă nimic şi nu are nimic de oferit jucătorilor. Ea atrage în principal atenţia asupra problemelor create de alegerile individuale în interacţiune, atunci când toate ipotezele modelului sunt specificate. Prin urmare, ar trebui să se dea dovadă de prudenţă cu acest instrument de economie experimentală.

EXTENSII ŞI MODELE CONEXE

Toate limitările şi criticile menţionate mai sus ale teoriei jocurilor provin în primul rând din faptul că aceasta se referă doar la un singur joc cu o singură rundă în care jucătorii nu cooperează. Ce se întâmplă atunci când jucătorii cooperează și interacțiunile dintre ei se repetă de mai multe ori?

În mod intuitiv, cooperarea poate apărea mai ușor ca urmare a unor interacțiuni reînnoite. Acest lucru se numește "jocuri repetate". De ce vă oferă florarul același preț pentru un buchet de flori bun, când ar putea să vă ofere un buchet de calitate inferioară, cumpărat la un preț mai mic? Probabil pentru că speră că veți reveni în viitor. Întorcându-vă la magazinul său, cooperați în calitate de consumator.

Jocurile repetate introduc un motiv puternic de cooperare. Cooperarea în prima rundă încurajează cooperarea în runda următoare. Această motivație nu există în jocurile statice cu o singură rundă.

Există două tipuri de jocuri repetate:

- cele al căror sfârșit este cunoscut cu certitudine;

- cele al căror sfârșit este necunoscut.

Această distincție este importantă, deoarece conduce la implicații diferite în ceea ce privește teoria jocurilor.

Set de jocuri

Ceea ce este important în acest tip de joc este finalul, care este cunoscut dinainte de către jucători. Jucătorii cunosc, de asemenea, rezultatele rundei anterioare. Echilibrul Nash este determinat prin ceea ce se numește inducție inversă.

ESTE BINE DE ȘTIUT: INDUCȚIE INVERSĂ

Ideea este de a determina cele mai bune strategii ale jucătorilor în ultima rundă a jocului. De acolo, este posibil să se lucreze invers, de la ultima rundă de joc la prima.

În exemplul dilemei prizonierului prezentat anterior, este posibil să se observe ce se întâmplă dacă jocul este repetat de un anumit număr de ori.

În ultima rundă (T), având în vedere că jocul se încheie, cea mai bună strategie pentru fiecare jucător din punctul de vedere al raționalității individuale este să mărturisească (același rezultat ca într-un joc static). Prin urmare, se stabilește echilibrul Nash (mărturisește, mărturisește).

În runda T-1 (penultima rundă), este în continuare în interesul jucătorilor să coopereze, deoarece aceștia știu că mai există o altă rundă. Cu toate acestea, știm că aici cooperarea nu este posibilă. Ca atare, nici în runda T-1 nu există niciun avantaj în a coopera și găsim din nou echilibrul Nash (mărturisește, mărturisește). Ceea ce este adevărat în T-1 este adevărat și în T-2, și așa mai departe până la prima rundă. Prin inducție inversă, este posibil să se demonstreze că, în fiecare etapă, jucătorii vor opta pentru strategia "mărturisește". Acest rezultat poate fi explicat prin faptul că jucătorii anticipează ceea ce se va întâmpla.

Jocuri infinite

Există două tipuri de jocuri infinite:

- cele în care părțile continuă să joace la infinit (nelimitat în timp);

- cele, mai realiste, în care jocul se oprește în mod neașteptat (aleatoriu).

În cazul jocurilor de set, este posibil să se determine echilibrul Nash prin inducție inversă, deoarece este suficient să se anticipeze alegerile jucătorilor în runda T. Într-un joc infinit, acest raționament nu mai este valabil deoarece există multe strategii posibile și, prin urmare, o multiplicitate de echilibre.

Un rezultat central al teoriei jocurilor, care merită să fie cunoscut, dar pe care nu îl vom demonstra aici din cauza complexității sale, este următorul: dacă agenții sunt suficient de răbdători, strategiile care implică faze de cooperare reciprocă sunt echilibre Nash.

Putem încerca să înțelegem acest rezultat central în teoria jocurilor prin prisma dilemei prizonierului repetată de un număr infinit de ori.

La echilibru sunt posibile trei perechi de strategii:

- Jucătorul 1 și jucătorul 2 aleg întotdeauna să mărturisească. Având în vedere constatările observate în capitolele anterioare, știm că acest echilibru are o valoare limitată;

- Cei doi jucători sunt de acord să nege. De îndată ce unul dintre jucători se abate de la înțelegere, celălalt răspunde alegând întotdeauna să mărturisească;

- Acordul "ochi pentru ochi, dinte pentru dinte", conform căruia mărturisirea unui jucător este pedepsită de celălalt, care mărturisește de atâtea ori cât este nevoie pentru a provoca aceleași daune (ani de închisoare). Ca atare, dacă jucătorul 1 mărturisește, jucătorul 2 va alege și el să mărturisească, pentru a nu-i lăsa să beneficieze de libertate.

Acordul care pare cel mai credibil și cel mai benefic pentru toți este "ochi pentru ochi, dinte pentru dinte". Acest rezultat este valabil indiferent de persoana care atribuie pedeapsa. În acest fel, credința în justiția intrinsecă, divină sau pământească, poate fi un factor de coordonare și stabilitate, la fel ca și amenințarea adversarului. Este interesant de remarcat faptul că, dacă ambii jucători sunt raționali, aceștia nu se vor abate de la acord și, în consecință, pedeapsa nu va fi aplicată.

APLICAȚII ALE CONCEPTULUI: SPECTRUL POLITIC

Să presupunem că într-o țară, opiniile politice sunt distribuite uniform pe o axă de la extrema stângă la extrema dreaptă și că două partide (A și B) trebuie să se poziționeze politic în alegeri pentru a obține cât mai multe voturi.

În cele din urmă, să presupunem că partidele intră în arena politică unul după altul și că alegătorii votează pentru partidul cel mai apropiat de preocupările lor.

CAZUL 1

Dacă primul partid (A) este poziționat la stânga, cel de-al doilea (B) se va poziționa tot la stânga, dar puțin mai la dreapta primului partid, astfel încât să poată aduna o parte din alegătorii de centru-stânga, centru și dreapta și astfel să câștige alegerile.

Al doilea partid (B) va avea voturile alegătorilor din dreapta sa, precum și jumătate din voturile dintre el și primul partid (A) din stânga.

CAZUL 2

Dacă primul partid se poziționează (A) la dreapta, este în interesul celui de-al doilea partid (B) să se poziționeze și el la dreapta, dar puțin mai la stânga primului partid, pentru a câștiga alegerile.

La fel ca în primul scenariu, partidul B va prevala asupra partidului A.

Prin urmare, cele două partide ar trebui să se situeze ambele în centrul spectrului politic. Acest rezultat este departe de a fi teoretic, deoarece corespunde destul de bine situației politice observate în Statele Unite, unde, în trecut, a fost uneori dificil să se facă diferența între democrați și republicani.

CE SE ÎNTÂMPLĂ DACĂ ADĂUGĂM O ALTĂ PARTE?

Să presupunem acum că cele două partide politice știu că un al treilea partid (C) intenționează să intre în spectrul politic al țării.

- Dacă situația politică a țării este ca în cazul 1, cel de-al treilea partid politic ar trebui să se poziționeze ușor la dreapta partidului B pentru a obține aproape jumătate din voturi.

- Dacă situația politică a țării este ca în cazul 2, cel de-al treilea partid ar trebui să se poziționeze ușor la stânga partidului B pentru a obține aproape jumătate din voturi.

Pentru a evita aceste două situații neprofitabile, atunci când știu că un al treilea partid va intra în arenă, primele două partide ar trebui să se plaseze în centrul electoratului de dreapta, respectiv în centrul electoratului de stânga. Făcând acest lucru, fiecare dintre ele va câștiga jumătate din voturile electoratului.

Dacă al treilea partid politic decide să intre în arenă în ciuda acestei poziționări, acesta va obține un sfert din voturi (2/8), poziționându-se în centrul spectrului politic, în timp ce celelalte două partide vor avea fiecare 3/8 din voturi.

În această situație, ce are de câștigat cel de-al treilea partid dacă intră în arena politică? Un observator extern va spune, fără îndoială, că nu există niciun interes în acest sens. Cu toate acestea, situația este mai nuanțată decât atât, deoarece în unele țări această poziționare poate fi o mișcare bună. Într-un sistem politic precum cel din Belgia, de exemplu, un partid minoritar poate participa în continuare la guvernare prin acorduri cu alte partide.

REZUMAT

- Începuturile analizei jocurilor de noroc datează încă din Renaştere. Lucrările lui Antoine Augustin Cournot, Francis Ysidro Edgeworth, Ernst Friedrich Ferdinand Zermelo şi Émile Borel au contribuit activ la definirea acestei teorii.

- Naşterea disciplinei datează din 1944, când a fost publicat textul fondator *Theory of Games and Economic Behavior (Teoria jocurilor şi comportamentului economic)* de John Forbes Nash, John von Neumann şi Oskar Morgenstern.

- Conceptul de "soluţie de echilibru pentru jocurile cu sumă nulă" a fost prezentat de Nash în 1950, iar "echilibrul perfect în subjocuri" a fost propus de Reinhard Selten în 1965. Charles Harsanyi a popularizat conceptul de echilibru Nash în 1967, iar în acelaşi deceniu, Donald Bruce Gillies a propus o sistematizare a echilibrului general. Începând cu anii 1970 şi 1980, teoria jocurilor a cunoscut o dezvoltare majoră şi o serie de teoreticieni ai jocurilor au fost recunoscuţi (Premiul Nobel pentru Ştiinţe Economice).

- Pe lângă faptul că este un instrument excelent în negocieri, principalul obiectiv al teoriei jocurilor este de a demonstra că indivizii, companiile şi ţările sunt interdependente şi că interacţiunea este benefică pentru rezolvarea problemelor comune. De asemenea, arată că cooperarea nu este uşor de pus în aplicare şi că, în unele cazuri, este mai bine să te înţelegi decât să te cerţi.

- Domeniul de aplicare al teoriei jocurilor este incredibil de vast şi poate fi observat zilnic, în special în spectrul politic.

- Limitările şi criticile teoriei jocurilor se concentrează asupra conceptului de joc (o utilizare greşită a terminologiei, deoarece în acest caz este folosit pentru a se referi la un set de constrângeri legate de o problemă mai degrabă decât la o activitate plăcută), echilibrul Nash (deoarece nu există un proces dinamic care să conducă la echilibru) şi aplicaţiile modelului (este aproape imposibil de găsit aplicaţii în viaţa reală).

- Întrucât criticii teoriei jocurilor se concentrează în principal pe faptul că aceasta se limitează la jocuri simple, cu o singură rundă, în care jucătorii nu cooperează, teoreticienii jocurilor au completat modelul bazat pe jocuri repetate (stabilite şi infinite), care încurajează jucătorii să coopereze mai mult.

- Deşi teoria jocurilor nu poate fi aplicată la toate aspectele vieţii în societate, ea este utilă în medicină, politică, strategie militară şi economie. Ea ne încurajează să reflectăm asupra complexităţii interacţiunilor sociale, ceea ce ne permite să punem evenimentele în perspectivă.

LECTURI SUPLIMENTARE

BIBLIOGRAFIE

Site-ul *Archives-ouvertes:* http://hal.archives-ouvertes.fr/

Davis, M. (1974) *Introduction à la théorie des jeux.* Paris: Armand Colin.

Site-ul *Encyclopédie Universalis:* http://www.universalis.fr/

Friedman, J. (1990) *Teoria jocurilor cu aplicaţii în economie.* Oxford: Oxford University Press.

Gabszewicz, J. (1970) *Théorie du noyau et de la concurrence imparfaite.* Louvain: Recherches Économiques de Louvain. Volumul 36, pp. 21-37.

Giraud, G. (2000) *La Théorie des jeux.* Paris: Flammarion.

Site-ul *Le Monde:* http://www.lemonde.fr/

Moulin, H. şi de Possel, R. (1979) *Fondations de la théorie des jeux.* Paris: Hermann.

Ponssard, J.-P. (1977) *Logique de la négociation et théorie des jeux.* Paris: Éditions d'Organisation.

Smith, J. M. (2002) *Evolution and the Theory of Games (Evoluţia şi teoria jocurilor).* Cambridge: Cambridge University Press.

Thisse, J. F. (2004) *Théorie des jeux : une introduction.* Louvain-la-Neuve: Université catholique de Louvain.

Tirole, J. (1985) *Concurrence imparfaite.* Paris: Economica.

Yildizoglu, M. (2011) *Introduction à la théorie des jeux. Manuel et exercices corrigés.* Paris: Dunod.

SURSE SUPLIMENTARE

Kuhn, H. (2003) *Lectures on the Theory of Games*. Princeton: Princeton University Press/

Sorin, S. (2002) *A First Course on Zero-Sum Repeated Games*. Berlin: Springer-Verlag.

Spaniel, W. (2011) *Game Theory 101: The Complete Textbook*. CreateSpace Independent Publishing Platform.

Talwalkar, P. (2014) *The Joy of Game Theory: O introducere în gândirea strategică*. CreateSpace Independent Publishing Platform.

Vrem să auzim de la tine!
Lasă un comentariu despre biblioteca ta online
şi împărtăşeşte cărţile tale preferate pe reţelele de socializare!

Master ISBN: 9782808600958
Hârtie ISBN: 9782808602402
Depozit legal: D/2022/12603/241

Design digital: Primento,
partenerul digital al editurilor.